ABRIR CAMINOS

Historias para inspirar
sueños y formar líderes

DANIEL COLOMBO

ABRIR CAMINOS

Historias para inspirar sueños y formar líderes

Editorial Autores de Argentina

Colombo, Daniel
    Abrir caminos / Daniel Colombo. - 1a ed. - Ciudad Autónoma de
Buenos Aires : Autores de Argentina, 2018.
    58 p. ; 20 x 14 cm.

    ISBN 978-987-761-479-4

    1. Autoayuda. I. Título.
    CDD 158.1

EDITORIAL AUTORES DE ARGENTINA
www.autoresdeargentina.com
Mail: info@autoresdeargentina.com

Diseño de portada: Justo Echeverría

Este ebook es la versión digital del publicado por VyR Editoras en formato
impreso. Contiene historias inspiracionales de origen desconocido. En caso
de correcciones al respecto, estaremos encantados de hacerlas en sucesivas
ediciones.

ÍNDICE

INSPIRANDO SUEÑOS
Y FORMANDO LÍDERES

Decidirse a diseñar un proyecto con el que nos sintamos identificados, que nos permita impulsar nuestra creatividad, que nos fortalezca en los momentos de desafío y que 'contribuya a hacernos más felices es algo más que concretar un sueño. Es entender por qué estamos aquí, cuál es el sentido de la experiencia humana que atravesamos, y es dar valor a lo que hacemos día a día.

Liderar, dirigir, estar al frente de un equipo de trabajo, recompensa, impulsa, motiva, alegra, entusiasma, seduce y enseña. Liderar es también elegir soñar y empezar cada día.

Este libro reúne historias inspiradoras tanto para quienes desean poner en marcha sus proyectos, como para quienes ya han iniciado el camino hacia su meta.

Cada texto revela una cualidad que caracteriza a recientes emprendedores y experimentados líderes. Su lectura podrá ayudarlos a reflexionar, a repensar actitudes, tal vez, incluso, a romper con algunos paradigmas. En momentos de dificultad, podrá aliviar en algo la soledad que, a veces, implica el hecho de iniciar proyectos y sueños o mantener los logros alcanzados.

Todos llevamos dentro un alma emprendedora. Pero sólo algunos se atreven a expresarla en el mundo, aceptando los riesgos que trae consigo.

Daniel Colombo

ESCUCHAR CON EL CORAZÓN

En la escuela primaria tenía una compañera que todos los días me echaba en cara mis defectos. Decía que yo era demasiado charlatana, revoltosa, presumida... y otras cosas negativas por el estilo. Cansada de sus críticas, un día se lo conté a mi padre.

Para mi sorpresa, en lugar de apoyarme, me preguntó:

—¿Y es verdad lo que dice de ti?

No supe qué responderle.

—Haz una lista de todo lo que te ha dicho y marca con una cruz lo que consideres que es cierto —me pidió.

Seguí su consejo y descubrí que la mitad de las críticas eran merecidas. Por primera vez en la vida, tuve una imagen fiel de mí misma.

Le mostré la lista a mi padre:

—No podemos evitar que otros nos critiquen —me dijo—. Pero nadie mejor que nosotros mismos para juzgar si tienen o no razón. Aprende a escuchar sin ira y sin enojo; si lo que dicen es verdad, ésta resonará como un eco dentro de ti.

Diez años después terminé la educación secundaria y me presenté a una audición para ingresar en una compañía de ópera, pero fui rechazada.

—Debes aprender a cantar sin imitar a los demás —me dijo el responsable de calificar a los cantantes.

Al principio fue un duro golpe, pero luego recordé las palabras de mi padre. Unas semanas más tarde volví a presentarme a la prueba y canté a pleno pulmón, con mi propio estilo. ¡Me aceptaron de inmediato! A partir de entonces se abrieron las puertas del éxito para mí, y me llevaron a ser una cantante reconocida. Como antes, abundaron los consejos, los elogios y también las críticas. Pero en todo momento, he estado atenta a escuchar la voz que pudiera despertar un eco dentro de mí.

MARÍA CALLAS

PERSEVERAR

Durante la Segunda Guerra Mundial, Winston Churchill fue invitado para dar una conferencia en la universidad en la que había estudiado.

En la sala se percibía la emoción y la ansiedad por escuchar su discurso.

Churchill subió al atril, sacó una hoja y dijo:

—Nunca, nunca, nunca... te rindas.

Hizo una pausa. Dobló el papel, lo guardó en su bolsillo y se sentó.

El público quedó desconcertado. Los asistentes se miraban entre sí, extrañados.

Unos segundos después, la sala estalló en una ovación.

COMUNICACIÓN ESTRATÉGICA

Una mañana, el monarca de un poderoso reino paseaba por su jardín y descubrió que su pájaro favorito se había escapado.

Enseguida dio la orden de matar al oficial encargado de la custodia de las aves. La noticia llegó a los oídos del general del ejército, que de inmediato fue a ver al rey con la intención de disuadirlo.

A pesar de los ruegos del general, el monarca se negó a volver atrás en su decisión.

—Entonces, ruego que Su Majestad me autorice a comunicar al oficial la razón de su condena —dijo el general—, y permítame adelantarle cuáles serán mis palabras.

El rey estuvo de acuerdo.

—Le diré: "En primer lugar, fuiste descuidado y dejaste escapar al pájaro preferido del rey. Después, lograste que ordenase matar a un ser humano por un ave. Y, por último, tu muerte hará que todos se enteren de que Su Majestad condenó a un soldado, que siempre fue leal, por culpa de un pájaro".

Nada más escuchar estas palabras, el rey ordenó anular la ejecución.

HUMILDAD

Una montaña le dijo al abismo:

—Yo, desde mis majestuosas cumbres, tengo el mundo a mis pies. Puedo ver los más bellos amaneceres y los más hermosos crepúsculos; cada noche, la luz de la luna acaricia mi cuerpo y siento que puedo tocar las estrellas. Es tan grande mi presencia, que casi podría llegar a tocar al mismísimo Dios. ¿Y tú, abismo, qué cometido cumples ahí abajo?

El abismo respondió con sencillez:

—Yo te sostengo...

FALSAS CREENCIAS

Una niña pequeña sentía gran fascinación por los circos. Lo que más le atraía de ellos era el elefante. Durante las funciones, le asombraban su enorme tamaño y su fuerza descomunal, pero le llamaba la atención que, cuando terminaba el espectáculo, el elefante se quedara atado con una cuerda que aprisionaba una de sus patas a una pequeña estaca, apenas clavada en el suelo.

La pregunta que surgía en su cabeza era evidente: ¿por qué el elefante no se liberaba de aquel cautiverio? Su madre le respondió que no se escapaba porque estaba amaestrado. Pero si así era, ¿para qué lo ataban?

Nadie pudo darle una respuesta coherente. Muchos años después, conoció a un hombre mayor que había trabajado en un circo. Cuando le contó la duda que tenía, éste le dijo que el entrenador ata al elefante a una estaca pequeña desde sus primeros días. El elefante bebé tira y empuja con la intención de soltarse, pero no lo consigue.

Un día, cansado de tanto intentarlo, acepta su incapacidad para liberarse de la estaca y se resigna a su destino. Desde entonces, no se escapa porque cree que no puede, aunque apenas está sujeto por una cuerda de la cual fácilmente se podría liberar...

PACIENCIA

Una mujer acudió a un sabio consejero con la intención de re-conquistar a su marido. Estaba desesperada porque, tras varios años, él había regresado de la guerra y desde entonces había mostrado una actitud indiferente y hostil hacia ella.

El sabio le dijo a la mujer que, para lograr atraerlo nueva-mente, debía conseguir un pelo de oso salvaje.

Decidida a recuperar a su esposo, la mujer se dirigió a las montañas. Inició el ascenso y caminó durante horas por el bos-que, hasta que logró encontrar a un oso.

Todos los días le llevaba un plato con miel y lo dejaba en la entrada de su cueva. Al principio, la bestia le rugía, pero a medida que pasaban los meses la dejaba acercarse cada vez más.

Una tarde, mientras el oso dormía, la mujer le arrancó un pelo y se lo llevó al sabio.

Él sonrió:

—Mujer, no necesitas ningún brebaje mágico. Si has logra-do conquistar a un oso feroz con amor y paciencia, de la misma forma podrás volver y recuperar a tu marido.

ESTIMULAR

Charles Schwab era el presidente de la fábrica de acero U.S. Steel. Un día, controlando la producción de la empresa, se dio cuenta de que los empleados de la mañana no cumplían con el nivel de rendimiento que podía esperarse de ellos. Al terminar el turno de ese día, Schwab se acercó al gerente de la planta.

—¿Cómo es posible que una persona tan capaz como usted no logre que su equipo cumpla con los objetivos? –le preguntó.

—No lo sé –respondió el gerente–. Lo he intentado todo: los he presionado, incluso les he engañado, pero nada funciona. Simplemente, su producción es baja.

—Déme una tiza –dijo Schwab.

Se acercó a uno de los empleados y le preguntó:

—¿Cuántas veces han llenado el horno hoy en su turno?

—Seis.

Schwab escribió un gran seis en el suelo y se marchó.

Cuando llegaron los trabajadores del turno de la tarde, vieron el seis y preguntaron por su significado.

—El presidente estuvo aquí –dijo uno de los empleados–. Quiso saber cuántas veces se había llenado el horno hoy por la mañana y lo anotó.

Los de la tarde protestaron:

—¡Esos vagos! ¡Sólo seis veces! Vamos a enseñarles cómo se trabaja.

A la mañana siguiente, Schwab volvió a la planta y comprobó que el turno de la tarde había sustituido el seis por un enorme ocho. Los de la mañana no podían creer que los otros tuvieran un rendimiento tan alto y se propusieron demostrarles que ellos eran mejores. Cuando terminaron, dejaron un impresionante diez en el piso.

Muy pronto, la producción del turno de la mañana alcanzó los niveles más altos de todas las plantas.

RECURSOS OCULTOS

Poco antes de morir, un hombre que había sido muy trabajador a lo largo de su vida reunió a sus hijos y les dijo que había un tesoro escondido en su campo.

—Para encontrarlo, es necesario remover la tierra con mucho cuidado –les advirtió.

En cuanto murió, los hijos –aunque eran más bien perezosos– comenzaron a cavar la tierra con la intención de hallar el tesoro. Trabajaron de sol a sol durante meses, pero no aparecía nada. Un día, viendo que la tierra ya estaba removida, se les ocurrió sembrarla con trigo. Cuando llegó el tiempo de la cosecha, la vendieron y ganaron mucho dinero.

La abundancia les hizo recordar el tesoro de su padre y volvieron a remover toda la tierra. Como no encontraron nada, nuevamente decidieron volver a sembrar. Cosecharon y obtuvieron otra vez grandes ganancias.

Hicieron esto una y otra vez durante varios años, lo que les hizo ganar una importante fortuna y, a la vez, acostumbrarse al trabajo. Finalmente, un buen día se dieron cuenta de que ése era en realidad el tesoro que les había dejado su padre.

LA JUSTA MEDIDA

Una agradable mañana, el político y científico estadounidense Benjamín Franklin estaba dando un paseo junto a un joven amigo. Su compañero le preguntaba acerca de la ansiedad que despierta tener demasiadas riquezas.

Franklin tenía la costumbre de responder mediante ejemplos concretos. Vio un árbol de manzanas, tomó una y se la dio a una niña, que le agradeció con una gran sonrisa.

Al ver su reacción, arrancó otra manzana y se la entregó. La sonrisa de la pequeña ya no tenía límites.

Entonces, Franklin tomó una tercera manzana. La niña, pese a que tenía sus dos manos ocupadas, logró sujetarla por un momento... pero en seguida se le resbaló y cayó a un riachuelo.

La chiquilla empezó a llorar.

—Aquí tenemos a una pequeña persona con demasiadas riquezas para poder disfrutar de ellas –dijo Franklin–. Con dos manzanas era feliz. Con tres, ya no lo es.

MOTIVAR

Una mañana, la directora de una empresa caminaba apresurada hacia su lugar de trabajo. En una esquina, se detuvo para dar unas monedas a un pobre hombre que vendía flores y continuó su recorrido.

A los pocos minutos regresó.

—Lo siento –dijo mientras tomaba una flor–. Con la prisa no llevé lo que compré y eso no es correcto. Usted es una persona de negocios, igual que yo; sus flores tienen un buen precio y su calidad es buena.

Sonrió y se fue.

Un año después, cuando la mujer pasaba por la misma esquina, se le acercó un hombre de aspecto elegante que le dijo:

—Estoy seguro de que no me recuerda y yo no sé su nombre... aunque nunca olvidaré su cara. Usted me inspiró para hacer algo por mí mismo. Yo era sólo un vago que vendía flores en esta esquina, hasta que usted me devolvió el sentido de la dignidad. Ahora, estoy desarrollando mi pequeña empresa.

CONFIANZA

Un general se dirigía con su ejército para librar una batalla contra el enemigo, que contaba con el doble de efectivos. Este hecho tenía desmoralizada a su tropa, que no se veía capaz de vencer debido a su inferioridad numérica.

El general les mostró una moneda y les explicó que era mágica. Si la lanzaba al aire y salía cara, sería señal de que saldrían victoriosos. En cambio, si salía cruz, perderían la batalla.

El general lanzó la moneda frente a todo el ejército. Y salió cara. Los soldados recobraron la confianza en su capacidad y lograron derrotar al enemigo.

Tras la batalla, un oficial se acercó al general:

—¿Qué hubiese pasado si en lugar de cara hubiera salido cruz? –le preguntó.

—Imposible –respondió el general–. Como he dicho antes, esta moneda es especial. Los dos lados tienen cara.

INSISTIR

El físico estadounidense Samuel P. Langley fue un pionero de la aviación. Logró inventar una máquina más pesada que el aire, que voló con éxito por primera vez el 6 de mayo de 1896. Aunque la mayoría de los científicos se habían mostrado escépticos, el Departamento de Guerra y el Instituto Smithsonian de Estados Unidos le proporcionaron el dinero necesario para que pudiera continuar con sus investigaciones.

En 1903, Langley volvió a realizar dos intentos de vuelo sobre el río Potomac, esta vez piloteados por una persona. En ambas ocasiones el avión cayó al agua, pero afortunadamente no hubo daños personales. Sin embargo, esos fracasos hicieron que recibiera duros ataques por parte de la comunidad científica y de la prensa escrita.

Afligido por las críticas, Langley interrumpió sus investigaciones y arrinconó su invento en el depósito del Instituto Smithsonian. Murió, sumido en la tristeza, el 27 de febrero de 1906.

Ocho años después, un piloto llamado Glenn Curtiss realizó unos cambios mínimos en la máquina de Langley y consiguió que volara con éxito. La prensa, los científicos y el público se preguntaron qué habría pasado si Langley hubiese perseverado un poco más.

VISIÓN COMPLETA

El jefe de una poderosa tribu africana contaba con la ayuda de un sabio consejero que habitualmente reaccionaba con alegría ante cualquier circunstancia adversa.

Una mañana salieron ambos a cazar y el líder se hirió un dedo del pie. Le sangraba tanto que, cuando regresaron a la tribu, el curandero tuvo que amputárselo. Ante esto, el consejero exclamó:

—Qué bien, qué bien.

Indignado por su actitud y preso del dolor y de la furia, el jefe lo expulsó de la tribu.

—Qué bien, qué bien —fue todo lo que dijo el sabio.

Un mes después, el líder salió nuevamente de caza, esta vez solo. Pero se alejó tanto, que cuando se quiso dar cuenta ya había anochecido. Mientras emprendía el camino de regreso, dos cazadores de una tribu vecina lo capturaron. Querían sacrificarlo. Ya en plenos preparativos de la ceremonia, vieron que le faltaba un dedo del pie. Como no podían ofrecer un ser incompleto a su dios, lo dejaron en libertad.

El líder de la tribu por fin comprendió la reacción de su consejero: "Qué bueno ha sido haber perdido el dedo, porque de lo contrario estaría muerto", pensó, y en seguida ordenó que trajeran al sabio de regreso. Apenas lo vio, le pidió perdón y le dio las gracias por haber aceptado volver.

Pero todavía le quedaba una duda acerca de la reacción de su consejero ante la expulsión de la tribu.

—Quiero saber por qué aceptaste todo de buen grado, incluso cuando te desterré –le dijo.

Éste, después de escuchar lo acontecido, reflexionó:

—Todo lo que nos sucede es para bien, pero como no tenemos una visión de la escena completa, muchas veces nos entristecemos o nos irritamos ante circunstancias aparentemente desfavorables. Si yo no hubiese sido desterrado, habría ido a cazar en su compañía. Y a mí sí me habrían sacrificado.

COOPERAR

Una mañana de primavera, un discípulo le preguntó a su maestro:

—¿Cuál es la diferencia entre el cielo y el infierno?

—En el infierno hay una gran plantación de arroz y las personas sólo pueden comerlo con cucharas que miden tres metros de largo –respondió el maestro–. Ven el arroz y se desesperan de hambre. Pero las cucharas son tan largas que no tienen manera de llevárselas hasta la boca.

Desconcertado, el discípulo le preguntó:

—¿Y qué pasa en el cielo?

—Ahí también hay una plantación de arroz y, de igual forma, las cucharas miden tres metros. La diferencia es que se alimentan los unos a los otros.

RED DE VALOR

Una empresaria se encontraba en Japón para concretar unos negocios. Antes de regresar a su país, fue a un centro comercial para comprar regalos.

Nada más entrar allí, una recepcionista le dio la bienvenida con una gran sonrisa. La ejecutiva quedó tan impresionada por su amabilidad, que cada tanto la observaba de lejos. Ella dedicaba la misma sonrisa a todos los clientes que ingresaban al centro. Intrigada, se acercó a la mujer.

—¿No se cansa usted de este trabajo? –le preguntó–. ¿Cuánto tiempo hace que ocupa este puesto?

—No, señora, no estoy cansada de él en absoluto. Trabajo aquí desde hace diez años y me encanta lo que hago.

—¿Y cómo ha estado haciendo esto durante tanto tiempo?

—Es que así sirvo a mi país.

—¿Sirve a su país... sonriendo?

—Sí. Cuando sonrío, hago sentir bien a la gente. Como están de buen humor, compran más; entonces mi jefe está contento conmigo y me paga más. Con ese salario, puedo atender mejor a mi familia y eso la hace feliz. Además, si los clientes compran mucho, aumenta la demanda de productos, generando más fábricas y más empleo. Y cuando hay empleo, el país prospera y la gente está feliz. Ésa es mi pequeña forma de servir.

CONSIDERACIÓN

Una mañana, cuando Mahatma Gandhi subía a un tren en marcha, una de sus sandalias se cayó en los raíles. Sus ayudantes trataron de recuperarla, pero no lo lograron.

Enseguida, Gandhi se quitó la otra sandalia y la tiró a la vía. Sus acompañantes se miraron entre sí, extrañados.

—¿Por qué has hecho eso? –le preguntaron.

Gandhi sonrió:

—Es la única manera de que la persona que encuentre la primera sandalia pueda usarla.

HONESTIDAD

El emperador de un lejano reino murió luchando en la última batalla de una guerra que había durado muchos años. El territorio había quedado devastado, y el pueblo sólo deseaba paz y prosperidad. Como el emperador había muerto muy joven, no había dejado herederos. Preocupados por la situación, los miembros del Consejo Real decidieron que elegirían al futuro dirigente del país teniendo en cuenta su integridad y sus valores humanos. Cada aldea se ocuparía de enviar al candidato que reuniera las mejores cualidades.

En una de las aldeas vivía una joven pastora que era feliz con la vida que llevaba pero, como fue elegida por unanimidad por sus vecinos, aceptó el desafío.

Al llegar al palacio, se encontró con cientos de jóvenes de todo el reino, reunidos en un gran salón. El portavoz del Consejo les dijo:

—Cada uno de los presentes recibirá una semilla de amapola, que deberá sembrar en una maceta. Cuando llegue la primavera, nos volveremos a reunir. El que traiga la flor más hermosa será quien ocupe el trono.

La joven volvió a su pueblo, sembró la semilla, la regó y esperó. Los días pasaban y en la maceta no aparecía nada. Ni siquiera un brote.

Cuando llegó la primavera, la muchacha no quería presentarse así en el palacio real; su fracaso estaba asegurado.

Al verla tan desanimada, su abuelo le dijo:

—Siéntete orgullosa de ir. No es el afán de ganar lo que nos impulsa a actuar, sino el deseo de cumplir con lo prometido.

La joven comprendió el mensaje y emprendió el viaje hacia el palacio. Cuando llegó al gran salón, vio a todos los candidatos exhibiendo con orgullo sus bellas flores. Los miembros del Consejo verificaron cada maceta y se reunieron para deliberar. A los pocos minutos, uno de ellos se acercó a la muchacha:

—Tú serás nuestra emperatriz –le dijo.

La joven levantó la mirada, extrañada.

—Pero si mi planta no ha germinado...

—Justamente por eso –le respondió el consejero–. Las semillas que repartimos estaban tostadas y ninguna podía crecer. Queríamos asegurarnos de que el trono sería ocupado por una persona honesta.

FORMACIÓN

Un hombre llevó a sus dos hijos, de tres y seis años, a un zoológico. En la ventanilla de la entrada había un cartel que anunciaba que el ingreso era gratis para los menores de seis años.

El vendedor de la taquilla preguntó por la edad de los niños.

—Uno tiene tres años y el otro, seis –dijo el padre.

—Ahora que sé la verdad, tendré que cobrarle la entrada del niño mayor. En cambio, si me hubiera dicho que el de seis tenía cinco años, habría pasado gratis. Y nadie se habría dado cuenta.

El padre respondió:

—Sí, se habrían dado cuenta mis hijos.

LUCHAR

Un hombre caminaba al amanecer por una playa solitaria. De pronto, divisó a otra persona a lo lejos. Cuando se acercó, vio que era una muchacha que agarraba una a una las estrellas de mar que estaban en la orilla y las devolvía al agua.

—¿Por qué haces eso? –le preguntó.

—La marea está baja y el sol está saliendo. Si las estrellas siguen aquí, morirán.

—Pero, existen miles y miles de kilómetros de playa en el mundo, y millones de estrellas varadas en la arena. Aunque salves a algunas, muchísimas más van a morir. ¿No te das cuenta de que no vale la pena luchar?

La joven tomó otra estrella y la arrojó al mar.

—Para ésta, la lucha sí ha merecido la pena.

AUTOSUPERACIÓN

Una tarde de 1812, el pequeño Louis estaba con su padre en el taller de talabartería que tenían cerca de París. Bastó un segundo de descuido por parte del progenitor para que el muchacho, de tan sólo tres años, se lesionara gravemente el ojo izquierdo con un punzón. La infección acabó afectándole el ojo derecho también y, a los cuatro años, perdió la vista por completo.

Cuando cumplió diez años, Louis fue admitido en la escuela para ciegos de París. En 1821, un capitán llamado Charles Barbier visitó el instituto y mostró su invención llamada "escritura nocturna", un código de doce puntos en relieve para que los soldados pudieran compartir información ultrasecreta. Desafortunadamente, el código no había tenido éxito porque era demasiado complicado. Sin embargo, Louis lo tomó y lo perfeccionó, reduciendo los puntos a la mitad y agregando signos de puntuación. De esa manera, a los quince años, Louis Braille abrió un nuevo camino en la comunicación escrita para los invidentes.

ATENCIÓN SELECTIVA

Dos amigas caminaban por una calle bulliciosa.

—¿Oyes ese grillo en la acera de enfrente? —preguntó una de ellas.

—¿Estás bromeando? —respondió su amiga—. Con tanto ruido, ¿quién podría escucharlo?

—Sígueme.

Cruzaron la calle y encontraron al grillo en un arbusto.

—¡Es increíble! —dijo la amiga— Tienes un oído asombroso.

—Mi oído es normal. Si no, observa...

La joven lanzó unas monedas al suelo y todas las personas, incluso las que caminaban en la acera de enfrente, se detuvieron para tratar de descubrir de dónde salía el sonido.

—Como ves, todo depende de lo que elijas escuchar.

CREATIVIDAD

Un peluquero trabajaba de una forma tan esmerada que, con el tiempo, logró reunir una importante clientela. Sus cortes y sus peinados eran excelentes, y constantemente se ponía al día en cuanto a moda y tendencias. Como ofrecía un servicio de calidad superior, su salón era el más caro y prestigioso de la zona.

Un día, justo enfrente de su local, se instaló otro salón de peluquería que ofrecía los servicios a la mitad de precio. Esto lo inquietó mucho, y con razón. No podía bajar sus tarifas, porque eso provocaría que la gente cuestionase su prestigio y trayectoria. Además, si bajaba los precios, no podría sufragar los gastos del salón. Se dio cuenta de que al menos la mitad de sus clientes se verían tentados con los bajos precios de la competencia.

Afligido, el peluquero se pasó la noche sin poder dormir. Hasta que, cuando estaba a punto de cerrar los ojos, se le ocurrió una idea. En seguida se vistió, fue a su local y puso un gran cartel que decía: "Aquí arreglamos su corte barato".

ACTITUD

Durante muchos años, Buda se dedicó a recorrer ciudades, pueblos y aldeas para difundir sus principios. A pesar de su infinita paciencia y su gran humanidad, algunas personas lo difamaban y otras, incluso, lo insultaban. Sin embargo, él siempre mantenía una sonrisa imperturbable. Intrigado por su actitud, un discípulo le preguntó:

—¿Cómo puedes permanecer siempre indiferente y tranquilo ante las agresiones?

Buda le contestó con otra pregunta:

—Si yo te regalo un objeto, pero tú no lo aceptas, ¿quién se queda con él?

MIRAR HACIA ADELANTE

Dos jóvenes soldados fueron llamados a filas cuando su país entró en guerra. Al poco tiempo de estar en el frente, cayeron prisioneros en manos del enemigo y fueron enviados a un campo de concentración. Allí pasaron dos años sufriendo todo tipo de calamidades, hasta que finalmente terminó la contienda. Una vez liberados, volvieron a su país y rehicieron sus vidas en distintas ciudades.

Diez años después, se reencontraron por casualidad en un aeropuerto:

—¡Qué alegría, cuánto tiempo sin verte! ¿Cómo estás, amigo?

—Bien.... aunque debo confesarte que nunca pude olvidar todo lo que pasamos. ¿Y tú?

—Es cierto, una experiencia así nunca se olvida –contestó su ex compañero–. Pero ya lo he superado.

—Yo no. No hay día en que no recuerde con odio a los guardianes.

—¡Amigo mío! Lo malo no son los dos años que estuviste en aquel campo de concentración, sino los otros diez que has seguido preso.

RECORDAR LOS ORÍGENES

Cuentan que había un esclavo que amaba tanto su trabajo, que siempre comenzaba sus tareas antes del amanecer y terminaba cuando ya se había puesto el sol. Admirado por su capacidad y su gran dedicación, el rey quiso premiarlo y le nombró recaudador de impuestos. Todo iba bien, hasta que un día unos cortesanos comentaron al monarca que su protegido estaba robando: los guardias lo habían visto entrar en las cámaras secretas a altas horas de la noche.

Al principio, el monarca tomó las acusaciones como simples habladurías, pero pasado un tiempo comenzó a albergar sospechas. Los rumores eran tan persistentes, que finalmente se convenció de que eran ciertos. Indignado por la deslealtad de su protegido, el rey concibió un plan para humillarlo. Sin decir una palabra a nadie, se escondió dentro de las bóvedas para sorprenderlo in fraganti. Esperó durante horas y se quedó dormido.

A medianoche, unos pasos lo despertaron: era su ex esclavo, que entraba en la cámara. El rey pudo ver cómo iba directo hacia el tesoro y sacaba una bolsa. Enfurecido, estaba a punto de salir de su escondite cuando advirtió que, en lugar de dinero, la bolsa contenía un espejo y ropa vieja: la misma que usaba cuando era esclavo. Su antiguo siervo se la puso y, contemplando su propia imagen, se dijo:

—Mira de dónde vienes y recuerda lo que el rey hizo por ti. No olvides servirlo con respeto, y ser merecedor de su apoyo y confianza.

El monarca salió de su rincón con los ojos llenos de lágrimas:

—Hoy venía a darte una lección –le dijo–. Pero has sido tú quien me ha enseñado a mí.

Al día siguiente, lo nombró Encargado del Tesoro del Reino.

SIMPLIFICAR

Una tarde, en medio del monte, dos monjes se encontraron con un gran torrente que se había formado por las abundantes lluvias. Para cruzarlo, debían meterse casi por completo en el agua llena de fango.

A pocos metros había una muchacha muy bonita, que también quería cruzar el río, pero no se atrevía. Uno de los monjes se ofreció a ayudarla y la cargó sobre sus hombros hasta la otra orilla.

Su compañero, al observarlo, se sintió muy molesto.

Cuando amaneció, seguía con el ceño fruncido y sin dirigir la palabra al otro monje.

—¿Qué sucede? –le preguntó el que había ayudado a la joven.

—¿No es evidente? Has transgredido un precepto muy grave. Tomaste a una mujer en tus brazos; su cuerpo y el tuyo estuvieron unidos durante un tiempo.

Serenamente, el monje le respondió: –¿Todavía llevas encima a esa mujer? Yo hace tiempo ya que la dejé en la otra orilla del río.

NO DAR NADA POR SEGURO

Un joven guardia se jactaba de que él, y sólo él, podía conseguir todo lo que el rey deseara. Cansado de la pedantería de su súbdito, el monarca quiso darle una lección pidiéndole algo imposible:

—Tráeme un anillo que convierta a las personas tristes en felices, y viceversa, a las felices en tristes.

El guardia salió a buscar el anillo, pero después de recorrer todo el reino durante casi un año, no encontró nada. El plazo para entregar la joya tan preciada estaba a punto de expirar y no quería volver al palacio con las manos vacías. Disgustado por su mala suerte y exhausto de tanto andar, se sentó bajo la sombra de un árbol. Un hombre mayor que pasaba por allí lo vio tan abatido, que le preguntó qué le pasaba.

El guardia le contó su problema. El anciano no dijo ni una palabra y siguió su camino. A los pocos minutos, regresó con un anillo que tenía una inscripción. Al leerla, el guardia pasó de estar deprimido a sentirse completamente feliz.

Con gran entusiasmo, emprendió su camino de regreso. Mientras tanto, el rey lo esperaba ansioso y muy contento: quería explicarle que la verdadera razón de aquel encargo había sido humillarlo frente a toda su corte y divertirse a costa de él.

El guardia se acercó al trono y le entregó el anillo. El rey leyó la inscripción y su sonrisa se esfumó de inmediato, dando paso a una expresión llena de amargura. Intrigados, los cortesanos miraron el anillo. La leyenda decía: "Esto también pasará".

INCENTIVAR LA AUTONOMÍA

Una niña era la encargada de cuidar los pollos de la granja en la que vivía. Una de sus tareas consistía en observar los huevos para ver si habían nacido crías.

Cierta mañana, se acercó al gallinero y vio que muchos polluelos rompían el cascarón. Había un huevo que no se había abierto del todo; el cuerpecito luchaba por salir a través de pequeños agujeros de la cascara, pero le costaba atravesarlos. Impulsada por sus ganas de ayudar, la muchacha abrió el huevo y liberó al pollito.

Lo que pasó después quedó grabado para siempre en su mente: a los pocos minutos, la cría recién nacida dejó de respirar.

La pequeña corrió a buscar a su madre y le contó lo que había pasado.

—Cada ave trabaja duramente para nacer y liberarse del obstáculo que supone el cascarón –le explicó su madre–.

Gracias a ese esfuerzo, adquiere la fortaleza suficiente como para vivir fuera de la cascara. Algo parecido sucede con los humanos. Si nos hacemos cargo de las tareas de los demás creyendo que los ayudamos, en realidad, impedimos que se fortalezcan.

PRIORIDADES

Una mujer muy pobre caminaba por el bosque con su bebé en brazos. Cuando pasaba por delante de una cueva, escuchó una voz misteriosa que, desde dentro, le dijo:

—Entra y toma todo lo que quieras, pero acuérdate de lo más importante.

Desconcertada, se acercó a la caverna y aguzó su oído:

—Sólo tienes un minuto. Cuando salgas, la puerta se cerrará para siempre. Aprovecha esta oportunidad y no olvides lo más importante.

La mujer entró en la gruta y encontró enormes riquezas y tesoros. Presa de su ansiedad, dejó a su hijo en el suelo y empezó a recoger todo lo que podía.

Cuando se cumplió el minuto, la mujer corrió fuera de la cueva cargada de oro y piedras preciosas, y la puerta se cerró. Entonces, se dio cuenta de que su hijo había quedado adentro.

REINVENTAR

Durante la Segunda Guerra Mundial, Ruth Handler, su esposo Elliot y su socio Harold "Matt" Mattson, diseñaban marcos de plástico para cuadros. Ruth era la encargada de las ventas y logró, incluso antes de tener un taller, que una cadena de estudios fotográficos realizase un importante pedido.

Un día, mientras conducía para entregar los marcos, escuchó por la radio que el presidente Roosevelt había decidido que todos los plásticos, incluidos los desechos, estaban prohibidos para cualquier uso que no fuese el militar.

Abatida, Ruth dio la vuelta y se reunió con sus socios para discutir qué podían hacer. Elliot sugirió que fabricaran marcos de madera y que los pintaran para darles una apariencia similar a la tela. Cuando los marcos estuvieron listos, Ruth regresó a ver al propietario del estudio fotográfico y le dijo la verdad: no podrían venderle los marcos de plástico.

El empresario ya conocía el comunicado del presidente de la nación, pero no veía por qué tenían que cumplirlo al pie de la letra. Ruth insistió en que ella y sus socios respetarían la norma y le mostró como alternativa los marcos de madera. El cliente quedó tan satisfecho que duplicó el pedido. Esta ganancia inesperada les dio a Ruth, Elliot y Matt la confianza necesaria para alquilar un pequeño taller. Más adelante, viendo los trozos de madera que sobraban de los marcos, Elliot propuso hacer con ellos muebles para casas de muñecas. Este cambio de actividad centrado en el juguete fue el origen de la empresa cuyo nombre resulta de la unión de los de sus fundadores "Matt" y "Elliot": Mattel Toy Company. Nada más y nada menos que una de las compañías de juguetes líderes en el mundo, dueños de la muñeca Barbie.

BUSCAR LA EXCELENCIA

Quien tenga la oportunidad de sobrevolar la estatua de la Libertad podrá observar desde arriba los cuidados detalles de su terminación.

En la parte superior de la enorme figura, que incluyendo el pedestal mide más de 91 metros, se ven los rizos del pelo, tallados y pulidos con el mismo esmero que el resto de su anatomía y vestimenta.

El escultor fue Fréderic–Auguste Bartholdi, quien terminó su obra en 1866. Lo curioso es que, en esa época, todavía no se había inventado el aeroplano. Hasta donde el artista sabía, nadie vería la parte más alta de la estatua. Sin embargo, evidentemente creía que todo éxito se construye a partir de pequeños detalles.

EL VALOR DE LA EXPERIENCIA

En una pequeña aldea enclavada en un bosque, vivía un joven que quería convertirse en un experto leñador. Desde pequeño había oído hablar de un hombre, famoso por ser quien mejor talaba los árboles en la zona. Y esa persona se había convertido en su ídolo.

Finalmente, llegó el día en que tuvo la oportunidad de conocerlo. El muchacho se acercó y, con evidente admiración, le dijo:

—Quiero ser su discípulo. Siempre quise cortar los árboles como lo hace usted.

El leñador aceptó su propuesta y durante algún tiempo le enseñó pacientemente.

A los pocos meses, el discípulo creyó que ya había aprendido todo lo que necesitaba saber. Incluso llegó a pensar que había logrado superar a su maestro. Como era más joven, se sentía más vital, más fuerte y más ágil que su instructor.

El invierno siguiente, el muchacho se inscribió en el certamen de leñadores. Y para su sorpresa, el único contrincante que tenía era... su maestro.

Ambos aceptaron el desafío. Sería una competición de varias horas y ganaría el que cortase el mayor número de árboles.

El joven comenzó la tarea con energía. Entre árbol y árbol, observaba a lo lejos a su maestro y vio que la mayor parte del tiempo estaba sentado. Al poco tiempo no tenía ninguna duda: él ganaría la prueba.

Cuando acabó el concurso, el juez hizo el recuento de los árboles. Para sorpresa del aprendiz, había triunfado su maestro.

—No puede ser, debe haber un error. ¡Cada vez que lo miraba estaba descansando! –dijo el joven, sin ocultar su enfado.

—Te equivocas, hijo –respondió su antiguo instructor–. No descansaba. Afilaba mi hacha.

EMPEZAR DE NUEVO

Una noche, el edificio de una empresa se incendió y quedó completamente calcinado, incluso sus cimientos. A la mañana siguiente, el dueño se acercó a las ruinas de lo que había sido su negocio con una mesa, que ubicó justo en el centro de los escombros.

Encima de ella, colocó un cartel que decía: "He perdido todo, excepto mi esposa, mis hijos, mi equipo y mi esperanza".

TODO A SU TIEMPO

Una joven recorrió Japón con la intención de encontrar el mejor maestro de artes marciales. Finalmente, tras una difícil búsqueda, lo halló y consiguió una entrevista con él:

—Maestro, quiero llegar a ser la mejor del país. ¿Cuánto tiempo me llevará? —le preguntó.

—Diez años.

—Tengo prisa —respondió la muchacha—. ¿Cuánto tardaría si me entreno día y noche?

—En ese caso, te llevará veinte años.

PIONERO

Cristóbal Colón fue invitado a un banquete que habían preparado en su honor los reyes de la España del siglo XVI. Un cortesano, que sentía grandes celos de Colón, le preguntó:

—Si no hubieras descubierto las Indias, ¿no crees que habría habido otras personas en España capaces de hacerlo?

Colón tomó un huevo y desafió a los presentes a que lo sostuvieran de pie sobre la mesa. Todos lo intentaron, pero en cuanto lo soltaban, el huevo se caía. Entonces, él lo golpeó muy suavemente contra la mesa, achatando uno de los extremos. Así logró que el huevo quedase en pie.

—¡Cualquiera hubiera podido hacerlo de esa forma! –le dijo el cortesano envidioso.

—Sí, pero a nadie se le ocurrió –respondió Colón–. Una vez que mostré el camino al Nuevo Mundo, sólo era cuestión de seguirlo.

TOMAR RIESGOS

Una prestigiosa maestra reunió a sus discípulos más destacados y les pidió que abriesen sus manos, porque quería darles algunas cosas.

Los alumnos la obedecieron y ella les llenó las manos de chucherías.

Luego les dijo:

—Quiero darles más regalos, cosas diferentes.

Los discípulos creyeron que era un truco de la maestra, y no se decidieron a soltar lo que tenían. Excepto uno que, sin pensarlo, arrojó todo al suelo y abrió sus manos vacías.

La maestra le dijo:

—Obsérvate: deseaste tener lo nuevo sin verlo y para eso, estuviste dispuesto a deshacerte de lo conocido. La mayoría de las personas, por miedo y desconfianza, eligen retener lo que ya poseen, por muy deficiente que sea, antes que arriesgarse a lo desconocido.

Dicho esto, la maestra le entregó algo de mucho valor.

LA MIRADA DE LOS OTROS

Una tarde, Charles Chaplin, más conocido por el nombre de su personaje más famoso, Charlot, se presentó a una selección de dobles para imitar a... Charles Chaplin. Con su atuendo habitual y absolutamente de incógnito, hizo una breve actuación delante del jurado. Los miembros del comité de selección le dijeron que su imitación había sido tan mediocre que ni siquiera lo elegirían para pasar a la segunda fase del concurso.

OBJETIVOS ALTOS

Un joven atleta, amante de la arquería, pasó años y años disparando sus flechas a la luna. Su objetivo era acertar en aquel blanco. Aunque pasó el tiempo y nunca lo logró, sin embargo, se convirtió en el mejor tirador de arco del mundo.

ABRIR CAMINOS

Cuando se celebraban los Juegos Olímpicos en la antigua Grecia, los atletas aspiraban a correr una milla (mil seiscientos nueve metros) en cuatro minutos. Los expertos cuentan que incluso les soltaban leones para conseguir que los corredores fuesen más deprisa.

A principios del siglo XX, los científicos explicaron que lograr esa meta era imposible por tres razones: la estructura ósea del cuerpo humano, la dimensión de los pulmones y la natural resistencia del viento.

Sin embargo, en 1954, el atleta Roger Bannister demostró que estaban equivocados cuando logró correr una milla en menos de cuatro minutos. El tiempo exacto fue de 3:59:4. Ese año, treinta y siete corredores más lograron hacer lo mismo; y al año siguiente, otros trescientos. Pero fue necesario que al menos un hombre creyera en sus propias posibilidades. El resto simplemente siguió su ejemplo.

Daniel Colombo es Master Coach experto en CEO, alta gerencia y profesionales; comunicador profesional; Mentor de ejecutivos y empresarios; Speaker internacional; y facilitador de procesos de cambio. Media-coach de políticos y ejecutivos; experto en Oratoria moderna.

Autor de 21 libros, entre ellos "Sea su propio jefe de prensa" "Historias que hacen bien", "Preparados, listos, out" (co-autor, sobre el Síndrome del Bournout); "Abrir caminos", y una colección de 6 libros y DVD, "Comunicación y Ventas" con Clarín de Argentina, y la colección "Coaching Vital" compuesta por tres títulos: "El mundo es su público", "Oratoria sin miedo" y "Quiero vender" (Hojas del Sur).

Se desempeña habitualmente en 18 países, habiendo brindado más de 600 conferencias, workshops, seminarios y experiencias vivenciales, llegando al millón de personas entrenadas. En todas sus redes sociales tiene un millón de seguidores.

Conduce y guía equipos de alto rendimiento en empresas nacionales y multinacionales dentro y fuera de su país. Ha asesorado y trabajado junto a más de 2500 empresas, y dirigido su compañía de relaciones públicas durante 20 años. Escribe regularmente en más de 20 medios de Argentina y diversos países.

Web: www.danielcolombo.com
https://www.linkedin.com/in/danielcolombo/
Twitter @danielcolombopr
www.Facebook.com/DanielColomboComunidad/
Instagram: Daniel.colombo
YouTube: www.youtube.com/DanielColomboComunidad

LIBRO EDITADO POR

EDITORIAL AUTORES DE ARGENTINA